Tribunal de Commerce de Sedan

LA JURIDICTION CONSULAIRE

à SEDAN

SEDAN
Imprimerie Henri BOURGUIGNAT
6, Place Goulden

1924

Tribunal de Commerce de Sedan

LA JURIDICTION CONSULAIRE

à SEDAN

SEDAN
Imprimerie Henri BOURGUIGNAT
6, Place Goulden.

1924

La Juridiction Consulaire à Sedan

LES JUGES-CONSULS
1596-1791

La juridiction consulaire à Sedan remonte à la fin du seizième siècle.

Elle existait déjà dans un certain nombre de villes de France. Créée au quatorzième siècle pour faire trancher rapidement, par des juges marchands, les différends survenus pendant la durée des grandes foires périodiques comme celle de Champagne, de Brie, de Lyon, cette réforme dans l'administration de la justice s'était étendue sur plusieurs points du royaume, et, au début du seizième siècle, quelques grandes villes possédaient des tribunaux commerciaux.

Des ordonnances royales en 1549, 1556 et 1560, avaient doté de la même institution toutes les capitales et les principales villes de commerce sur lesquelles s'étendait directement l'autorité du Roi de France. C'est à cette époque qu'on voit donner aux juges marchands le titre de consuls.

Un édit de novembre 1563 du roi Charles IX, sous le chancelier Michel de l'Hospital, organisait cette juridiction consulaire à Paris, fixait les règles pour l'élection chaque année, par une assemblée de marchands, bourgeois de ladite ville, d'un juge et de quatre consuls *pour le bien public et abréviation de tous procès et différends entre marchands qui doivent négocier en public, de bonne foi, sans être astreints aux subtilités des lois et ordonnances, pour fait de marchandises seulement.*

Mais la Principauté de Sedan échappait à l'autorité du roi de France ; les édits royaux n'y pouvaient rien modifier. La justice continuait à y être rendue suivant les ordonnances de Robert IV (1539) et Henri-Robert de La Marck (1568).

Le commerce sedanais souffrait des lenteurs et des frais énormes de la procédure et en réclamait la réforme.

« Henri de La Tour d'Auvergne ne pouvait plus différer. Il allait
« être en retard sur le siècle. En 1596, il publia l'ordonnance qui
« crée la justice consulaire. Quarante notables durent se réunir
« chaque année pour élire deux consuls parmi les commerçants de
« la ville. Ces deux consuls formèrent, avec les deux plus anciens
« échevins, le nouveau tribunal chargé de juger toutes les contesta-
« tions entre négociants pour fait de commerce. Le tribunal était
« présidé par le bailli ou son lieutenant. Voilà l'institution. »

(Villet : *Les La Marck et les deux Turenne*).

Ladite ordonnance était ainsi conçue : .

De l'établissement des Consuls.

Henry de la Tour, duc de Bouillon, Prince souverain de Sedan et Raucourt, vicomte de Turenne, comte de Montfort, Maréchal de France :

A tous présent et advenir, Salut.

Comme pour le bien de nos sujets et la droite administration de la Justice ayent été faites plusieurs bonnes et saintes Ordonnances par nos Prédécesseurs, lesquels toutesfois par la malice des parties n'ont raporté le fruit que nous en attendions, sur-voyant de jour en jour les procèz accroître en une multitude infinie pour à quoy remédier et couper, en tant que faire se poura, la racine ausdits procèz, même de ceux qui surviennent entre Marchand, qui delaissent souvent leur trafic et Marchandises pour s'occuper a la solicitation des procèz, Nous avons vû et fait voir par notre Conseil la Requête qui pour ce Nous a esté présentée par nos sujets ; avons pour le bien public et abréviations des dits procèz et différens entre Marchands qui doivent négocier ensemble, de bonne foy sans être attentifs aux subtilitez des loix et ordonnances, ordonne et permet ce qui s'en suit :

Premièrement avons permis et enjoint à nos Sujets nommer et élire en l'Assemblée de Ville, qui sera faite de quarante notable Bourgeois, compris ceux du Corps de la Police, qui seront pour cet effet convoquéz et appeléz, a la diligence de notre Procureur Général deux Marchands du nombre des dits quarante, ou autres absent, lesquels avec les deux plus anciens des quatre Eschevins seront appelez Consuls et Assesseurs de notre Baillif de Sedan ou son Lieutenant ; la charge desquels ne durera qu'un an, sans que pour cause et occasion que ce soit l'un d'eux puisse estre continué. et 3 jours auparavant la fin de leurs année se fera une pareille assemblée de 40 notables Bourgeois de notre Ville de Sedan, compris ceux de la police pour procéder à l'élection de deux autres Consuls nouveaux avec les deux Eschevins qui demeureront en charge, desquels et Consuls notre Président recevra le serment ; lesquels Consuls assisteront notre dit Baillif ou son Lieutenant aux Audiences qui se tiendront par lui les jours de Samedi, et connoistront nostre dit Baillif ou son Lieutenant et les dits consuls de tous procèz et différens qui seront cy après mûs entre Marchands pour faits de marchandises, leurs veuves Marchandes publiques, leurs Facteurs, Serviteurs ou Commis, soit que les dits différens procèdent d'obligations, cedulles, promesses, lettres de change ou crédit, responses ou asseurances, transports de dettes et novation d'icelle ; compte, calculs ou erreurs en lieux, compagnie et société ou associations jàfaites, ou qui se feront ci-après : Connoistront en outre de toutes matières et action personnelle, entre quelque personne que ce soit, desquelles matières et différents Nous en avons de notre pleine puisance et autorité Souveraine attribué et commis la connoissance, Jugement et décision a nostre dit Baillif ou son Lieutenant assisté desdits quatre Consuls ou de deux d'iceux ; voulant que les Jugements qui seront ainsi par eux donnez soient exécutéz comme Jugemens souverains, nonobstant oppositions ou appellations quelconques, où il ne sera question que de choses excédant la somme de cent écus ou la valleur, et ou il sera question de somme ou chose excédant la valleur de cent écus sera par eux différé l'apel, sans pouvoir passer outre par dessus l'apel sinon en cas esquel par nos Ordonnances anciennes le Baillif dudit Sedan peut passer outre, nonobstant et sous préjudice de l'apel, esquels Jugement toutesfois pourra assister et présider nôtre Président selon le règlement cy devant fait entre luy et ledit Baillif de Sedan.

Mais ou il ne si trouvast notre dit Baillif de Sedan ou son Lieutenant assisté des dits Consuls, comme dessus ne laissera de pouvoir Juger en dernier ressort des cas et matières sus dites.

Et pour couper chemin de toutes longueurs, et pour oter occasion de fuïr et plaider voulons et ordonnons que tous adjournement soient libelléz et contiennent certaines demandes, suivant nos Anciennes Ordonnances et seront tenues les Parties comparoir en personne a la première assignation pour être ouïs par leur bouche, s'ils n'ont légitimes causes de maladie ou absence, esquels cas donneront leurs reponses par écrit signez de leur main propre, ou audit cas de maladie de l'un de leurs voisins ou amis, ayant de ce charge et procuration spéciale dont il fera paroistre en ladite assignation, le tout sans ministère d'Avocat ou Procureur.

Si les parties sont contraires, et non d'accord de leurs faits, délais compétant leur sera préfix a la 1ʳᵉ comparition, dans lequel ils produiront leurs témoins qui seront ouïs souverainement et sur leur déposition le différent sera jugé sur le champ, si faire se peut, dont nous chargeons l'honneur et conscience de nos dits Juges.

Ne pouront nos dits président, Bailli ne Consuls en cas que ce soit octroiet qu'un seul délay qui sera par eux arbitré selon la distance des lieux et qualité des matières, soit par procédures, pièces ou témoins, et icelui échu et passé procederont aus dits Jugement du dit différent entre les parties souverainement sans figure de Procèz.

Enjoignons à nos dits Président, Baillif ou son Lieutenant et Consuls vaquer diligemment a l'expédition des dites causes a ce présent notre Edit sans prendre directement ou indirectement en quelque matière que ce soit aucune chose, n'y présent ou don sans coulleur ou non d'épices ou autrement.

Déclarons à nos Juges d'appeaux et gens tenant notre Cour Souveraine de recevoir aucune appellation des jugements qui seront ainsi donnez par notre dit Baillif ou son Lieutenant et Consuls des ouï,   lesquels dès à présent nous avons déclarez non recevables et nulle, et le relief d'apel qui seroit impetré ou contraire.

Seront les Saisies, établissement de Commissaire, et vente des biens ou fruits faites en vertu desdites Sentences et Jugemens, et s'il faut passer outre, les criées, interposition du Décret se feront par autorité de mon dit Baillif ou son Lieutenant, auquel nous enjoignons tres expressement tenir la main à la perfection des dites criées et administration des héritages saisis, et a l'entiere exécution des sentences et Jugemens qui seront ainsi donnez par lui ou leurs dits Consuls.

Si donnons en mandement a nos amez et feaux les gens tenant nôtre Cour Souveraine, Bailly de Sedan et Raucourt et autres nos Officiers qu'il appartiendra que nôtre presence Ordonnance ils fassent et observer de point en point selon sa forme et teneur ; et afin de perpétuelle mémoire, avons signé cette presente de nôtre main, et à icelle fait apposer notre Scel au mois de mars 1596.

Henry de LA TOUR.

Lors de la réunion de la Principauté de Sedan à la France en 1642, le tribunal consulaire fut maintenu.

Par la suite, son fonctionnement fut réglementé par une ordonnance de Louis XIV sous le ministère de Colbert, en mars 1673, qui déclarait « commun pour tous les sièges de juges et consuls l'édit de novembre 1563, et tous autres édits et déclarations touchant la juridiction consulaire, enregistrés en cours de Parlement. »

Il continua à rendre la justice jusqu'à la Révolution qui emporta ou modifia la plupart des institutions féodales.

Les tribunaux consulaires furent alors dénommés tribunaux de commerce.

LISTE

DES

CONSULS DES MARCHANDS

1750-1789

MARTIN Nicolas	1750	1ᵉʳ Janvier.
TERNAUX Nicolas	—	—
LAUNOIS Henry	1751	1ᵉʳ Janvier.
GIBOU Jean	—	—
LOISEAU Joseph	1752	1ᵉʳ Janvier.
CORNELIS Jean	—	—
DUPONT N	1752	3 Décembre.
CORNELIS Jean	—	—
TERNAUX Nicolas	1753	2 Décembre.
LAPIERRE Nicolas	—	—
CLIQUOT Nicolas	1754	1ᵉʳ Décembre.
RAULIN Augustin	—	—
DUPONT François	1755	21 Janvier.
RAULIN Augustin	—	—
PÉCHENARD Jean-Baptiste	1755	7 Décembre.
MAUCLAIR Jean-Baptiste	—	—
BARILLY Pierre-François	1756	5 Décembre.
DESROUSSEAUX Ph.-Noël	—	—
MARTIN Nicolas	1757	4 Décembre.
CUNISSE Jean-François	—	—
RAULIN Nicolas	1758	3 Décembre.
GIBOU Pierre-Charles	—	—

LAUNOIS Henry...	1759	2 Décembre.
RAULIN-HUSSON Nicolas...	—	—
MARTIN Nicolas...	1760	7 Décembre.
BÉCHET Jean...	—	—
PINGART Jean-Baptiste...	1761	6 Décembre.
MONJOT Remi...	—	—
LAUNOIS Henry...	1762	5 Décembre.
PAYEN Pierre...	—	—
GIBOU-RAMBOURG...	1763	4 Décembre.
RAULIN-CLICQUOT...	—	—
RAULIN Nicolas le jeune...	1764	2 Décembre.
HURTAUT Philippe...	—	—
OLIN Sébastien...	1765	28 Avril.
MARTIN-BÉCHET...	1765	10 Décembre.
PHILIPPE...	—	—
DESROUSSEAUX...	1766	3 Janvier.
LAUNOIS...	1766	28 Décembre.
JAYET...	—	—
RAULIN-HUSSON...	1767	6 Décembre.
BÉCHET Pierre...	—	—
AUCLAIR J.-B...	1768	14 Janvier.
GIBOUT-DUMET J.-B...	—	—
MAUCLAIR...	1768	4 Décembre.
GIBOUT-DUMET...	—	—
LEGARDEUR l'aîné...	1769	22 Mai.
BÉCHET Jean...	1769	3 Décembre.
CLICQUOT...	—	—
TERNAUX...	1770	2 Décembre.
BÉCHET Pierre...	—	—
PHILIPPE...	1771	1er Décembre.
NOEL Hubert...	—	—

MAUCLAIR..........................	1772	24 Décembre.
WUILLESME l'aîné..................	—	—

Lacune de 1773 à 1777

LAUNOIS Henry......................	1778	6 Décembre.
BÉCHET DE LEHAUTCOURT...........	—	—
LEGARDEUR l'aîné...................	1779	5 Décembre.
DESROUSSEAUX fils aîné..............	—	—
CANEL l'aîné.......................	1780	3 Décembre.
BRIDIER-BAUDELOT..................	—	—
NOEL...............................	1781	2 Décembre.
CHAUVET...........................	—	—
TERNAUX...........................	1782	1er Décembre.
ROGNON............................	—	—
RAULIN-HUSSON.....................	1783	7 Décembre.
BAILLY-CUNISSE.....................	—	—
TERNAUX	1784	5 Décembre.
PROFINET	—	—
BRIDIER-BAUDELOT..................	1785	4 Décembre.
HUBERT-BOURGUIN..................	—	—
LAUNOIS...........................	1786	3 Décembre.
VÉRONIQUE.........................	—	—
LEGARDEUR	1787	7 Janvier.
TERNAUX...........................	—	21 Juillet.
PHILIPPE...........................	—	11 Août.
VÉRONIQUE.........................	—	—
TERNAUX Louis.....................	1787	2 Décembre.
DESROUSSEAUX Auguste..............	—	—
TERNAUX...........................	1788	16 Août.
PHILIPPE...........................	—	—
HUBERT-BOURGUIN	1788	7 Décembre.
BRINCOURT père....................	—	—

BOURGUIN............................	1789	Août.
PROFINET............................	—	—
BOURGUIN............................	—	12 Septembre.
BRINCOURT...........................	—	—
BOURGUIN............................	1790	3 Juillet.
PHILIPPE............................	—	—

LE TRIBUNAL DE COMMERCE

Décret du 6 Décembre 1790

Les tribunaux de commerce ont été institués par la loi des 16-24 avril 1790 sur l'organisation judiciaire qui, dans son titre XII, prescrivait :

ARTICLE PREMIER. — Il sera établi un tribunal de commerce dans les villes où l'administration du département, jugeant ces établissements nécessaires, en fera la demande.

ART. 6. — Chaque tribunal sera composé de cinq juges, ils ne pourront rendre aucun jugement s'ils ne sont au nombre de trois au moins.

ART 7. — Les juges de commerce seront élus dans l'assemblée des négociants, banquiers, manufacturiers, armateurs et capitaines de navire de la ville où le tribunal sera établi.

ART. 11. — Les juges du tribunal seront deux ans en exercice ; le président sera renouvelé par une élection particulière tous les deux ans ; les autres juges le seront tous les ans par moitié.

Un décret du 6 décembre 1790 créa un tribunal de commerce à Sedan.

Des élections eurent lieu aussitôt. Furent élus : Legardeur aîné, président ; Suchetet-Lafontaine, Profinet J.-B., Bacot Charles-Alexandre et Bertèche-Lambquin, juges.

La première audience se tint le 7 février 1791.

Un décret de l'Assemblée législative des 10-16 juillet 1792 ayant autorisé la nomination de quatre juges suppléants dans tous les tribunaux de commerce, le tribunal de Sedan se trouva composé, le 19 décembre 1792, de Legardeur aîné, président ; Thilloy, Philippoteaux, Bacot, Lamotte-Germain, juges ; Debeyne, Poupart, Suchetet, Ternaux aîné, suppléants.

Puis survint la Terreur. Le tribunal de commerce fut privé de la plupart de ses membres. Le président Legardeur, arrêté avec ses collègues de la Municipalité sedanaise, périt sur l'échafaud ; d'autres furent considérés comme suspects et envoyés au Mont-Dieu.

Les archives du tribunal constatent que, faute de juges en nombre suffisant, le service des audiences ne pouvant plus se faire, un arrêté de l'administration révolutionnaire du district de Sedan, en date du 16 thermidor an II, dut déléguer et donner pouvoir d'assurer le service à divers commerçants sous cette réserve qu'ils se feraient confirmer dans leurs fonctions par le représentant du peuple.

De nouvelles élections en 1795 réorganisèrent le tribunal qui fonctionna presque sans modification jusqu'en 1803.

Depuis cette époque, le recrutement des membres du tribunal s'est poursuivi régulièrement et conformément aux lois en vigueur, modifiées à différentes époques.

Ces lois successives n'eurent aucune influence sur la composition du tribunal qui, depuis le décret de juillet 1792, dut toujours comprendre le président, quatre juges titulaires et quatre juges suppléants ; mais elles modifièrent quelquefois la durée des fonctions des juges en exercice.

Elles eurent surtout pour effet de restreindre ou d'étendre, suivant les époques, la composition du collège électoral qui fut composé de l'universalité des commerçants (lois d'août 1798 et d'août 1848) ou d'électeurs choisis par l'assemblée des commerçants, suffrage à deux degrés (loi d'août 1791) ou bien encore comprit seulement les « commerçants notables et principalement les chefs des maisons les plus anciennes et les plus recommandables par l'esprit d'ordre et d'économie. » (Loi des 14-24 sept. 1807 qui forma le titre IV du code de commerce ; décret du 2 mars 1852 ; loi de décembre 1871).

La loi du 8 décembre 1883 a étendu l'électorat à tous les commerçants français, patentés depuis cinq ans au moins dans le ressort du tribunal et y demeurant.

Pendant la grande guerre de 1914 à 1918, les innombrables archives du tribunal de commerce furent détruites et les locaux occupés par les autorités allemandes. Au moment de la reprise des audiences, le Greffe servait de dépôt à la Police.

M. Jules Rousseau, nommé président en septembre 1920, réorganisa le tribunal, fit vider les locaux et rétablit la tradition.

La première audience solennelle eut lieu le 5 novembre 1920.

ORGANISATION DU TRIBUNAL

La loi du 8 décembre 1883 détermine les conditions dans lesquelles doivent être élus les membres des tribunaux de commerce.

Sont électeurs les citoyens français commerçants patentés ou associés en nom collectif depuis cinq ans au moins, directeurs des compagnies françaises de finance, de commerce et d'industrie, agents de change, courtiers de marchandises, les uns et les autres après cinq ans d'exercice, et tous, sans exception, devant être domiciliés depuis cinq ans au moins dans le ressort du tribunal (Art. 1).

La loi du 23 janvier 1898 a, en outre, conféré l'électorat aux femmes qui remplissent les conditions ci-dessus énoncées, mais elles ne sont pas éligibles.

Sont également électeurs, dans leur ressort, les membres anciens ou en exercice des tribunaux et des chambres de commerce, des chambres consultatives des arts et manufactures, les présidents anciens ou en exercice des conseils de prud'hommes (Art. 1).

Ne peuvent participer à l'élection les faillis non réhabilités et les individus ayant encouru certaines condamnations, ainsi que ceux privés du droit de vote dans les élections politiques (Art. 2).

Sont éligibles tous les électeurs inscrits sur la liste électorale, âgés de trente ans, et les anciens commerçants ayant exercé leurs professions pendant cinq ans au moins dans l'arrondissement et y résidant (Art. 8).

Nul ne peut être élu président s'il n'a exercé les fonctions de juge titulaire pendant deux ans et nul ne peut être nommé juge s'il n'a été suppléant pendant un an (Art. 8).

Les mandats sont conférés pour deux ans. Après l'expiration de ces deux années, le président et les juges peuvent être réélus pour une nouvelle période de deux ans. Ces deux années expirées, ils ne sont rééligibles qu'après un an d'intervalle. Les juges suppléants sont indéfiniment rééligibles (Art. 623 C. Com.).

La liste des membres du tribunal forme ce qu'on appelle le tableau. Le rang à prendre dans le tableau est fixé par l'ancienneté, c'est-à-dire par le nombre d'années de judicature avec ou sans interruption, et, entre les juges élus pour la première fois et par le même scrutin, par le nombre de voix obtenu par chacun d'eux dans l'élection.

Les jugements doivent être rendus par trois membres au moins. Un juge titulaire doit nécessairement faire partie du tribunal (Art. 15).

Si par suite de récusation ou d'empêchements, il ne reste pas un nombre suffisant de juges pour composer le tribunal, celui-ci doit être complété par des juges complémentaires choisis parmi les éligibles ayant leur résidence dans la ville où siège le tribunal (Art. 16).

Cette liste, qui doit être dressée annuellement par le tribunal, se compose de vingt-cinq noms.

Les juges complémentaires sont appelés dans l'ordre fixé par un tirage au sort fait en séance publique par le président du tribunal entre tous les noms de la liste. Ils doivent prêter serment entre les mains du président pour chaque audience et siéger en robe.

Avant d'entrer en fonctions, les juges nouvellement élus, ou dont le mandat vient d'être renouvelé, doivent prêter serment dans les termes suivants : « Je jure et promets, en mon âme et conscience, de bien et fidèlement remplir mes fonctions, de garder religieusement le secret des délibérations et de me conduire en tout comme un digne et loyal magistrat. »

Le serment doit être prêté devant la Cour d'appel ; mais, si les élus le demandent, elle peut commettre pour le recevoir le tribunal civil de l'arrondissement qui y procède en séance publique, à la diligence du Procureur de la République (Art. 14).

L'installation des nouveaux juges a lieu en audience solennelle du Tribunal de commerce, dans laquelle lecture est donnée du procès-verbal de prestation de serment ; ils prennent possession de leurs sièges et sont dès lors investis du droit définitif de rendre la justice dans la limite de la compétence des tribunaux de commerce. Leurs pouvoirs durent jusqu'à l'installation de leurs successeurs, leur remplacement seul les décharge de leurs fonctions.

Le mandat des juges au tribunal de commerce est gratuit, il est purement honorifique ; il leur confère la qualité de magistrat, leur en donne toutes les prérogatives et les astreint à tous ses devoirs.

Leurs fonctions sont incompatibles avec toutes autres de l'ordre judiciaire ou administratif. Elles ne sont pas incompatibles cependant avec celles de sénateur, député, conseiller général ou d'arrondissement, maire ou conseiller municipal, ou membre d'une chambre de commerce.

Les tribunaux de commerce connaissent :

1° Des contestations relatives aux engagements et transactions entre négociants, marchands et banquiers ;

2° Des contestations entre associés, pour raisons d'une société de commerce ;

3° De celles relatives aux actes de commerce entre toutes personnes (Art. 631 C. Com.).

Ils connaissent également :

1° Des actions contre les facteurs, commis des marchands ou leurs serviteurs pour le fait seulement du trafic du marchand auquel ils sont attachés ;

2° Des billets faits par les receveurs, payeurs, percepteurs ou autres comptables des deniers publics (Art. 634).

Ils connaissent de tout ce qui concerne les faillites (Art 635).

Ils jugent en dernier ressort :

1° Toutes les demandes dans lesquelles les parties justiciables de ces tribunaux, et usant de leurs droits, auront déclaré vouloir être jugés définitivement et sans appel ;

2° Toutes les demandes dont le principal n'excédera pas la valeur de 1.500 francs ;

3° Les demandes reconventionnelles ou en compensation, lors même que, réunies à la demande principale, elles excéderaient 1.500 francs (Art. 633 C. Com.).

Les appels des jugements de tribunaux de commerce doivent

LES PRÉSIDENTS DU TRIBUNAL DE COMMERCE

François-Pierre LEGARDEUR
(1791-1794)

J.-B.-Onésime PHILIPPOTEAUX
(1795-1803; 1817-19; 1825-27; 1829-31)

BERNARD-GILLET
(1803-1809)

JOBERT - TERNAUX
(1821-1823)

LES PRÉSIDENTS DU TRIBUNAL DE COMMERCE

Laurent CUNIN-GRIDAINE
(1827-29; 1831-33; 1835-37; 1839-40)

Pierre CHAYAUX
(1833-35; 1837-39; 1843-45; 1852-55)

Jacques SUCHETET
(1840-43; 1845-49)

Charles BERTÈCHE Père
(1849-52; 1855-59)

LES PRÉSIDENTS DU TRIBUNAL DE COMMERCE

Auguste ROBERT
(1859-61 ; 1865-69 ; 1875-78)

Charles CUNIN-GRIDAINE
(1861-65 ; 1869-75)

Charles PHILIPPOTEAUX
(1879-1883)

Louis DAVID
(1883-1885)

LES PRÉSIDENTS DU TRIBUNAL DE COMMERCE

HABERT-DESROUSSEAUX
(1886-1888)

Louis VARLET
(1889-1890)

DELOCHE de NOYELLE
(1890-1894)

Charles BERTÈCHE Fils
(1894-1898 ; 1902-1906)

LES PRÉSIDENTS DU TRIBUNAL DE COMMERCE

Adolphe BENOIT
(1898-1902 ; 1906-1912 ; 1914)

Charles DOCQUIN
(1912-1914)

Jules ROUSSEAU
(1920-   )

LE TRIBUNAL DE COMMERCE EN 1923

CH. PHILIPPOTEAUX   JULES ROUSSEAU   DEVIN
G. LECOMTE   G. MARLET   A. PARISSET   G. PIESVEAUX   A. RICARD   ED. GOLLNISCH   CH. LIÉGEOIS   ED. LEJEUNE

être portés par devant les cours dans le ressort desquelles ces tribunaux sont situés (Art. 644 C. Com.).

L'action du tribunal de commerce de Sedan s'étend sur tout l'arrondissement.

Il comprend : le président, quatre juges titulaires et quatre juges suppléants.

Il est assisté d'un greffier et d'un commis-greffier.

Il a deux huissiers-audienciers.

LISTE DES PRÉSIDENTS

Le tribunal de commerce eut successivement pour présidents :

LEGARDEUR François-Pierre	Février	1791-1794
PHILIPPOTEAUX J.-B.-Onésime	Novem.	1795-1803
BERNARD-GILLET	Juillet	1803-1809
DEVILLAS-BÉCHET	Avril	1809-1817
PHILIPPOTEAUX J.-B.-Onésime	id.	1817-1819
DEVILLAS-BÉCHET	Mars	1819-1821
JOBERT-TERNAUX	Juin	1821-1823
DEVILLAS-BÉCHET	Mars	1823-1825
PHILIPPOTEAUX J.-B.-Onésime	Janvier	1825-1827
CUNIN GRIDAINE Laurent	id.	1827-1829
PHILIPPOTEAUX J.-B.-Onésime	Février	1829-1831
CUNIN-GRIDAINE Laurent	id.	1831-1833
CHAYAUX Pierre	Mars	1833-1835
CUNIN-GRIDAINE Laurent	Janvier	1835-1837
CHAYAUX Pierre	id.	1837-1839
CUNIN-GRIDAINE Laurent	id.	1839-1840
SUCHETET Jacques	id.	1840-1843
CHAYAUX Pierre	Février	1843-1845
SUCHETET Jacques	Mars	1845-1849
BERTÈCHE Charles père	Août	1849-1852
CHAYAUX Pierre	Juillet	1852-1855
BERTÈCHE Charles père	Mars	1855-1859
ROBERT Auguste	Avril	1859-1861
CUNIN-GRIDAINE Charles	Juillet	1861-1865

ROBERT Auguste	Avril	1865-1869
CUNIN-GRIDAINE Charles	Septem.	1869-1875
ROBERT Auguste	Février	1875-1878
PHILIPPOTEAUX Charles	Mars	1879-1883
DAVID Louis	Janvier	1883-1884
HABERT-DESROUSSEAUX	Février	1886-1888
VARLET Louis	id.	1889-1890
DELOCHE DE NOYELLE	Janvier	1890-1894
BERTÈCHE Charles fils	Février	1894-1898
BENOIT Adolphe	id.	1898-1902
BERTÈCHE Charles fils	id.	1902-1906
BENOIT Adolphe	id.	1906-1912
DOCQUIN Charles	id.	1912-1914
BENOIT Adolphe	Février 1914-août 1914	
ROUSSEAU Jules		1920-

MEMBRES du TRIBUNAL de COMMERCE
1791 - 1924

1791 LEGARDEUR François.
SUCHETET Nicolas.
PROFINET J.-B.-Claude.
BACOT Ch.-Alexandre.
BERTÈCHE-LAMBQUIN Charles
1792 THILLOY Pierre.
PHILIPPOTEAUX J.-B.-Onésime
LAMOTTE-GERMAIN Jean.
DEBEYNE Nicolas.
POUPART Louis.
TERNAUX Nicolas-François.
1794 DAUTUN François.
BRIANCOURT-GROSSELIN.
CANEL Nicolas.
1795 LEROY-GILMAIRE.
DEVILLAS-BÉCHET.
AUBRY-YBERT.
BÉCHET Théodore-Henry.
GIÉNANTH Chrétien-Charles.
ROUY Jacques.
BERNARD-GILLET Armand.
1803 JOBERT-TERNAUX.
LECOMTE-BRUYÈRE.
PROFINET Louis-Valérien.

1811 WUILQUIN-DÉRUÉ.
1813 POUPART Louis-Jean-Henri.
1814 ABSOUS J.-B.
BRINCOURT-LAMBQUIN.
LABAUCHE-LEMAISTRE.
GIÉNANTH-BRUYÈRE.
1817 CUNIN-GRIDAINE Laurent.
RAULIN-DELAMOTTE.
VERGUIN-NOEL.
GILMAIRE-BOIRE.
FRANQUET-LATOUR.
1818 BACOT Paul-Alexandre.
HUSSON J.-B.-Célestin.
1819 POUPART Paul-Louis.
1820 DESROUSSEAUX Charles-Victor
MORIN Charles.
1822 LEMOINE DES MARES Pierre.
1823 BOURGEOIS Louis-François.
POUPART de NEUFLIZE Jean-André.
DU ROTOIS-RAULIN.
1824 DE LABROSSE-JOBERT.
WAGNER Charles.
1825 ROUSSEAU Camille-Victor.
1826 CHAYAUX-HALLÉ Pierre.
1827 DE LABROSSE-BÉCHET.
THOLOZAN Charles.
1828 SCHLOSSER Christian.
RAULIN Nicolas.
1829 SUCHETET Jacques-Louis.
BÉCHET DE BALAN Désiré.

1830 FRIQUET Louis.
    BÉCHET Edouard-Etienne.
1831 BRINCOURT Achille-Victor.
    NINNIN Augustin-Edme.
1832 BACOT Pierre-Frédéric.
    CHAYAUX Jacques-Louis.
    RENARD Pierre-Adolphe.
1833 BERTÈCHE Charles-Pierre.
1834 DOCQUIN Charles-Henri.
    MOULNIER François.
    BRIDIER Etienne.
1835 BRINCOURT François-Louis.
1838 LABAUCHE Jean-Marie.
    WAHARTE-GILMAIRE.
    RENARD Edouard.
1839 TEMPIÉ Toussaint-Isidore.
1840 DE MONTAGNAC André-Elisée.
1842 CUNIN-GRIDAINE Charles.
1843 AMOUR Georges.
1846 BOURGUIN-LEROY.
    LAFFON Etienne-Charles.
1848 VESSERON-LEJAY.
1849 ROBERT Remy-Auguste.
    SOLLERET Félix.
    DE LABROSSE Edmond-Pierre-Louis.
1850 SIMON-LAFFOND.
1852 GOLLNISCH Edmond.
1854 HECHT Charles.
    REITER Gustave.
    DELORME François.

1857 PHILIPPOTEAUX Charles.
1859 PAQUIN-MOULNIER Guillaume.
1860 VESSERON Alfred.
HABERT-DESROUSSEAUX.
1861 CONGAR Henry.
DAVID Louis.
1863 DE LABROSSE Amédée.
1864 BACOT Louis-Joseph.
1865 HULIN Eugène.
1869 AMSTEIN-DESROUSSEAUX.
1868 BENOIT J.-B.
JACQUEMIN Louis-Laurent.
1872 BERTÈCHE Paul-Charles.
MAIRE Charles.
BRINCOURT J.-B.
PAQUIN Henri.
1875 DELOCHE DE NOYELLE.
CHRISTIN Septime.
1876 NINNIN Léon.
1878 DE LABROSSE Adrien.
1879 HALLEUX Charles.
1880 DE MONTAGNAC Lucien.
1883 HULIN Eugène.
1884 VARLET Louis.
1886 KLEIN Ernest.
ROUSSEAU Jules.
JUNG Edmond.
1887 LEFORT Léon.
JAEGLÉ Léon.
PARENT Adrien.

1888 BRÉGI Emile.
1890 BENOIT Adolphe.
1891 DEPAMBOUR Georges.
   GROSSELIN Henry.
1893 MARCILLET Georges.
   NANQUETTE Auguste.
1895 LEMAIRE René.
1897 DOCQUIN Charles.
1898 DARBOUR Edouard.
   BRASSOD Clément.
1899 FEVRIER Emile.
1901 VILLAIN Henri.
1902 LECOMTE Emile.
1903 CORDIER Máxime.
1904 BACOT Paul-Charles.
1906 DRUY Emile.
1908 CROSSE Emile.
1911 MOULIN Pierre-Paul.
1912 LUDET Henry.
1914 DEVIN Paul.
1920 PHILIPPOTEAUX Charles.
   PIESVEAUX Georges.
   LEJEUNE Edmond.
   LECOMTE Georges.
1922 LIÉGEOIS Charles.
   GOLLNISCH Edmond.
   RICARD André.
1923 ROZOY Henri.

GREFFIERS

1791 DUMONT Nicolas-Louis.
1792 ROLIN-TRÉVISAIN.
1793 DUMONT Nicolas-Louis.
1801 FRANCART.
1816 FOURNIER Pierre-Charles.
1822 CHOLLET.
1834 CHAYAUX Louis-Auguste.
1860 DAZY Jacques-Eugène.
1883 HERBINET Paul.
1891 VALEN Antoine-Ludovic.
1902 MANGIN Marie-Eugène.
1908 PARISSET Adrien.

MEMBRES DU TRIBUNAL DE COMMERCE

(LISTE ALPHABÉTIQUE)

ABSOUS (Jean-Baptiste), teinturier.
   Né à Sedan le 1er juillet 1757, décédé le 13 janvier 1826.
   Juge suppléant, 1814-1817.

AMOUR-CHAYAUX (Remy-Louis-Georges), marchand de laines.
   Né à Mouzon le 26 août 1803, décédé à Bellevue, commune de Glaires, le 20 août 1876.
   Membre de la Chambre de Commerce. — Administrateur de la Succursale de la Banque de France.
   Juge suppléant, 1843-1846.
   Juge titulaire, 1846-1852, 1855-1857.

AMSTEIN-DESROUSSEAUX (Valentin-Amédée), fabricant de draps.
   Né à Sedan le 13 juillet 1821, où il est décédé le 10 Avril 1907.
   Juge suppléant, 1867-1872.
   Juge titulaire, 1872-1877.

AUBRY-YBERT (Louis), marchand.
   Né à Sedan le 3 avril 1768, décédé audit lieu le 9 octobre 1833.
   Juge suppléant, 1795-1803.

BACOT (Charles-Alexandre), brasseur, puis manufacturier.
   Né à Tours en 1750, décédé à Sedan le 16 mars 1824.
   Chevalier de la Légion d'honneur du 17 novembre 1819.
   Juge titulaire, 1791-1793, 1794-1803, 1811-1813, 1817-1819 et 1820-1823.

BACOT (Paul-Alexandre), manufacturier.
  Né à Sedan le 16 janvier 1784, où il décédé le 20 novembre 1848.
  Conseiller municipal et Conseiller d'arrondissement. — Membre de la Chambre consultative des Arts et Manufactures.
  Chevalier de la Légion d'honneur en 1827.
  Juge suppléant, 1818-1819, 1822-1824, 1825-1827.
  Juge titulaire, 1828-1830.

BACOT (Pierre-Frédéric), manufacturier.
  Né à Sedan le 25 août 1790, décédé au même lieu le 8 novembre 1859.
  Membre du Conseil des Prud'hommes et de la Chambre consultative des Arts et Manufactures.
  Chevalier de la Légion d'honneur en 1844.
  Juge titulaire, 1832-1834, 1835-1837, 1843-1846.

BACOT (Louis-Joseph), fabricant de draps.
  Né à Sedan le 25 juillet 1828, décédé à la Tour-à-Glaires en 1902.
  Adjoint au Maire 1871-1880 ; puis Maire de Sedan 1880-1888. Président de la Chambre de Commerce 1880-1902.
  Chevalier de la Légion d'honneur du 20 octobre 1878.
  Juge suppléant, 1864-1865.

BACOT (Paul-Charles), manufacturier.
  Né à Paris le 4 juin 1857.
  Juge suppléant, 1904-1911.
  Juge titulaire, 1912-1914.

BÉCHET (Théodore-Henry), fabricant de draps.
  Né le 26 mai 1749, décédé à Sedan le 6 août 1870.
  Juge suppléant, 1795-1811.

BÉCHET DE BALAN (Etienne-Henri-Désiré), fabricant de draps.
  Né à Sedan le 5 septembre 1787, décédé à Reims le 5 janvier 1837.
  Juge suppléant, 1829-1831.

BÉCHET (Edouard-Paul-Charles-Stanislas-Etienne), négociant.
Né à Sedan le 30 octobre 1790, décédé à Paris le 8 mai 1853.
Juge suppléant, 1830-1832.

BENOIT (Jean-Baptiste), minotier.
Né à Glaire le 11 juillet 1820, décédé à Sedan le 24 avril 1889.
Conseiller municipal, puis conseiller d'arrondissement 1871 et Conseiller général 1880-1889. — Membre de la Chambre de Commerce.
Juge suppléant, 1868-1872.

BENOIT (Adolphe-Jean-Baptiste), minotier.
Né à Sedan le 4 septembre 1851.
1er Adjoint au Maire de Sedan 1896-1903. — Président de la Cham- de Commerce.
Officier d'Académie.
Juge suppléant, 1890-1893.
Juge titulaire, 1893-1897,
Président, 1898-1901, 1906-1912, 1914-1920.

BERNARD-GILLET (Armand), manufacturier.
Né en 1746, décédé en exercice, à Sedan, le 3 avril 1809.
Juge suppléant, 1795-1799.
Juge titulaire, 1799-1803.
Président, 1803-1809.

BERNARD aîné (Nicolas), manufacturier.
Né à Sedan le 29 décembre 1779, où il est décédé, en exercice, le 21 janvier 1824.
Juge titulaire, 1814-1817, 1823-1824.

BERNARD-GRIDAINE (Jean-Baptiste), manufacturier.
Né à Sedan le 8 mars 1781, décédé à Paris le 2 juillet 1852.
Conseiller d'arrondissement.
Chevalier de la Légion d'honneur.
Juge titulaire, 1819-1821.

BERTÈCHE-LAMBQUIN (Jean-Baptiste-Charles), manufacturier.
Né à la Tour-à-Glaires le 26 mars 1756, décédé à Sedan le 4 mars 1834.
Conseiller d'arrondissement. — Membre de la Chambre consultative des Arts et Manufactures.
Juge titulaire, 1791-1792, 1803-1817, 1819-1821, 1822-1824, 1825-1827 et 1828-1830.

BERTÈCHE - BACOT (Charles-Pierre-Philippe-Auguste), manufacturier.
Né à Sedan le 3 janvier 1803, où il est décédé le 5 juin 1861.
Commandant de la garde nationale de 1835 à 1837. — Conseiller municipal en 1848 et Conseiller général de 1852 à sa mort. — Membre de la Chambre consultative des Arts et Manufactures.
Chevalier de la Légion d'honneur du 21 juillet 1839.
Juge suppléant, 1833-1835.
Juge titulaire, 1839-1843, 1846-1849.
Président, 1849-1852, 1855-1859. Réélu Président le 3 juin 1861, n'a pu être installé, son décès étant survenu presqu'aussitôt.

BERTÈCHE-BECQUET (Paul-Charles), fabricant de draps.
Né à Sedan le 5 juillet 1840, décédé le 22 octobre 1908.
Conseiller municipal 1865-1874 - Président de la Société de Secours mutuels. - Membre de la Chambre de Commerce.
Juge suppléant, 1872-1875.
Juge titulaire, 1875-1879, 1880-1887.
Président, 1894-1898, 1902-1906.

BOURGEOIS (Louis-François), fabricant de draps.
Né à Stenay le 17 août 1770, décédé à Stenay le 17 mars 1843.
Licencié en droit. — Président du Conseil des Prud'hommes. - Adjoint au Maire de Sedan de 1825 à 1830. — Juge de paix à Stenay en 1830.
Juge titulaire, 1823-1825.

BOURGUIN-LEROY (Joseph-Augustin), banquier.
Né à Sedan le 17 avril 1812, décédé à Paris.
Licencié en droit.
Juge suppléant 1840-1840.
Juge titulaire, 1849-1852, 1854, démissionnaire la même année.

BRASSOD (Clément-Antoine), négociant.
Né à La Neuville (Meuse) le 8 juillet 1855, décédé à Balan le 17 juin 1911.
Juge suppléant, 1898-1904.
Juge titulaire, 1904-1908.

BRÉGI (Emile), fabricant de draps.
Né à Sedan le 1er juin 1849.
Juge suppléant, 1888-1895.
Juge titulaire, 1895-1899.

BRIANCOURT-GROSSELIN (Sébastien), ex-ingénieur géographe.
Né à Sedan le 17 septembre 1759, décédé à Donchery le 12 août 1843.
Suppléant de la justice de paix en 1824.
Juge titulaire, 1794-1799.
Juge suppléant, 1799-1813.

BRIDIER (Etienne-Marius-Scevola), fabricant de draps.
Né à Sedan le 10 mars 1794 et décédé le 2 janvier 1877.
Juge suppléant, 1834-1838, 1840-1846.
Juge titulaire, 1846-1848.

BRINCOURT-LAMBQUIN (Albert-Marie), fabricant de draps.
Né à Sedan le 31 juillet 1758, où il est décédé le 21 février 1846.
Administrateur municipal de Sedan en 1796.
Juge suppléant, 1814-1817.

BRINCOURT (Achille-Louis-Victor), fabricant de draps.
Né à Sedan le 30 mars 1795.
Juge suppléant, 1831-1833.
Juge titulaire, 1833-1835, 1837-1839.

BRINCOURT-ANDRÉ (François-Louis), teinturier.
Né à Senuc (Ardennes) le 17 février 1795, décédé à Haraucourt le 2 janvier 1874.
Commandant de la garde nationale en 1830. - Conseiller municipal et Adjoint au Maire de Sedan de 1855 à 1870.
Chevalier de la Légion d'honneur.
Juge suppléant, 1835-1839, 1844-1849.
Juge titulaire, 1852-1854, 1854-1856.

BRINCOURT (Jean-Baptiste-Joseph-Auguste), teinturier.
Né à Sedan le 7 mai 1825, où il est décédé le 7 février 1908.
Juge suppléant, 1872-1876.

CANEL (Etienne-Nicolas), fabricant de draps.
Né à Stenay le 25 octobre 1772, décédé à Carignan le 25 mars 1825.
Administrateur municipal de Sedan en 1798.
Juge titulaire, 1794-1795.

CHAYAUX-HALLÉ (Pierre), marchand de draps.
Né à Sedan le 13 décembre 1782, décédé au même lieu le 15 décembre 1868.
Directeur de l'octroi de Sedan en 1804. - Membre de la Chambre consultative des Arts et Manufactures.
Chevalier de la Légion d'honneur.
Juge suppléant, 1826-1828.
Juge titulaire, 1830-1832.
Président, 1833-1835, 1837-1839, 1843-1845, 1852-1855.

CHAYAUX-CAILLON (Jacques-Louis), marchand de draps.
Né à Sedan le 23 février 1786, où il est décédé le 6 mai 1852.
Membre de la Commission municipale administrative en 1848. -- Adjoint au Maire de Sedan de 1840 à 1848 et de 1848 à 1851.
Juge suppléant, 1832-1834.
Juge titulaire, 1839-1841.

CHRISTIN (Pierre-Guillaume-Septime), fabricant de draps.
Né à Avezé (Sarthe) le 31 octobre 1830, décédé à Sedan le 6 février 1922.
Ancien officier aux Guides de la Garde.
Chevalier de la Légion d'honneur du 20 octobre 1878.
Juge suppléant, 1875-1877.
Juge titulaire, 1877-1881.

CONGAR (Henry), banquier.
Né à Dinan (Côtes-du-Nord) le 6 janvier 1826, décédé à Sedan le 9 juillet 1910.
Juge suppléant, 1861-1868.
Juge titulaire, 1868-1876.

CORDIER (Maxime-Joseph), marchand tailleur.
Né à Mézières le 5 décembre 1856, décédé à Auboué (M-et-M.) le 13 mars 1914.
Juge suppléant, 1903-1910.
Juge titulaire, 1911-1914.

CROSSE (Emile), épicier en gros.
Né à Metz le 27 juillet 1870.
Juge suppléant, 1908-1911.
Juge titulaire, 1912-1920.

CUNIN-GRIDAINE (Laurent), manufacturier.
Né à Sedan le 10 juillet 1778, où il est décédé le 19 avril 1859.
Président du Conseil des Prud'hommes de Sedan. — Membre de la Chambre consultative des Arts et Manufactures. — Membre du Conseil supérieur du Commerce. — Député des Ardennes de 1827 à 1848. — Ministre du Commerce de 1840 à 1848.
Grand-Officier de la Légion d'honneur.
Juge titulaire, 1817-1819, 1821-1823, 1824-1826.
Président, 1827-1829, 1831-1833, 1835-1837, 1839-1840.

CUNIN-GRIDAINE (Arnoud-Charles), fabricant de draps.
Né à Sedan le 8 novembre 1804, décédé à Paris le 24 février 1880.
Membre de la Chambre consultative des Arts et Manufactures. — Président de la Chambre de Commerce. — Conseiller municipal en 1843. — Conseiller général de 1848 à 1880. Représentant du Peuple en 1849. — Sénateur des Ardennes de 1876 à 1880.
Officier de la Légion d'honneur le 13 août 1865.
Juge suppléant, 1842-1843.
Juge titulaire, 1843-1847, 1848-1849.
Président, 1861-1865, 1869-1875.

DARBOUR (Paul-Edouard), pépiniériste.
Né à Sedan le 12 mars 1854.
Officier du Mérite agricole.
Juge suppléant, 1898-1902.
Juge titulaire, 1902-1906, 1907-1910.

DAUTUN (François-Pierre), manufacturier.
Né à Donchery le 26 décembre 1753.
Juge titulaire, 1794-1795.

DAVID (Louis-Anselme-Guillaume), marchand de draps.
Né à Sedan le 22 septembre 1820, où il est décédé le 24 février 1898.
Vice-Président de la Chambre de Commerce.
Juge suppléant, 1861-1867.
Juge titulaire, 1867-1875, 1876-1880.
Président, 1883-1884.

DEBEYNE (Nicolas).
Né à Sedan le 6 juin 1756.
Juge suppléant, 1792-1793.
Juge titulaire, 1793-1794.
A rempli les fonctions de président en 1794 (août-octobre).

DELOCHE DE NOYELLE (Joseph), banquier.
Né à Vouvray (Indre-et-Loire) le 11 octobre 1844, décédé à Saint-Germain-en-Laye le 15 août 1917.
Juge suppléant, 1875-1879.
Juge titulaire, 1879-1883, 1884-1888.
Président, 1890-1894.

DELORME (François-Constantin-Maximilien), fabricant de draps.
Né à Amsterdam le 2 mai 1791, décédé à Balan le 12 mars 1882.
Membre du Conseil des Prud'hommes.
Juge suppléant, 1854-1856.
Juge titulaire, 1856-1860.

DEPAMBOUR (Georges), négociant en charbons.
Né à Bazeilles le 12 janvier 1854, décédé à Sedan le 2 février 1923.
Conseiller municipal et Conseiller d'arrondissement.
Juge suppléant, 1891-1893.
Juge titulaire, 1893-1896, 1900-1902.

DESROUSSEAUX (Charles-Victor), fabricant de draps.
Né à Sedan en avril 1778, où il est décédé le 25 février 1852.
Juge suppléant, 1820-1822, 1825-1827.

DEVILLAS-BÉCHET (Pierre), fabricant de draps.
 Né à Lyon le 18 septembre 1748, décédé à Sedan le 6 novembre 1831.
 Membre de la Chambre consultative des Arts et Manufactures.
 Juge titulaire, 1795-1810.
 Président, 1810-1817, 1819-1821, 1823-1825.

DEVIN (Paul), notaire à Saint-Menges, puis agent général d'assurances.
 Né à Reims le 25 juillet 1861.
 Conseiller municipal de Sedan et Conseiller d'arrondissement.
 Officier de la Légion d'honneur.
 Juge suppléant, 1913-1914.
 Juge titulaire, 1920-1921, 1922-1923.   En exercice.

DOCQUIN-GAUCHEZ (Charles-Henri), brasseur, ancien avocat et avoué.
 Né à Sedan le 1er décembre 1785, où il est décédé le 1er avril 1876.
 Suppléant de la Justice de Paix en 1836.
 Juge titulaire, 1834-1836.

DOCQUIN Charles, brasseur.
 Né à Sedan le 2 février 1849.
 Ancien Président de l'Union générale des Syndicats de la Brasserie Française. — Président d'honneur du Syndicat des Brasseurs des Ardennes. — Ancien Conseiller municipal.
 Médaillé de 1870. — Chevalier du Mérite Agricole. — Médaillé de 1914-18 (Croix Rouge S. S. B. M.).
 Juge suppléant, 1897-1901.
 Juge titulaire, 1901-1905.
 Juge doyen, 1907-1912.
 Président, février 1912-février 1914.

DRUY (Emile), entrepreneur de travaux publics.
 Né à Paris le 1er octobre 1850.
 Maire de Grandham (Ardennes). Médaillé de 1870.
 Juge suppléant, 1907-1913.
 Juge titulaire, 1914.
 Juge-doyen, a fait fonctions de président en 1919-1920.

DUROTOIS-RAULIN (Louis-Joseph-Huet), fabricant de draps.
Né à Saint-Quentin le 23 décembre 1780, décédé à Sedan le 19 juillet 1857.
Adjoint au Maire de Sedan en 1830. - Conseiller d'arrondissement.- Membre de la Chambre consultative des Arts et Manufactures.
Juge suppléant, 1823-1825, 1826-1828.
Juge titulaire, 1829-1831, 1832-1834, 1835 1837, 1838-1840.

FEVRIER (Joseph-Emile), tanneur.
Né à Cons-la-Grandville (Moselle) le 30 décembre 1838, décédé à Sedan le 2 août 1919.
Juge suppléant, 1899-1903.
Juge titulaire, 1903-1907.

FRANQUET-LATOUR (Charles), confiseur.
Né à Damery (Marne) le 17 décembre 1772, décédé à Sedan le 14 août 1837.
Adjoint au Maire de Sedan en 1813.
Juge suppléant, 1817-1818, 1821-1823.

FRIQUET (Louis), fabricant de draps.
Né à Sedan le 17 janvier 1796, décédé à Blagny le 23 mars 1881.
Juge suppléant, 1830-1832.

GIÉNANTH (Chrétien-Charles), manufacturier.
Né à Winnenweiler (comté de Falkenstein, Palatinat), le 5 juillet 1770, décédé à Sedan le 24 décembre 1813.
Juge suppléant, 1795.

GILMAIRE-BOIRE (Nicolas), brasseur.
Né à Floing le 10 janvier 1768, décédé à Sedan le 5 septembre 1838.
Suppléant de la Justice de Paix de Sedan-Nord de 1824 à 1836.
Juge suppléant, 1817-1823.

GOLLNISCH (Edmond), fabricant de draps.
Né à Sedan le 17 septembre 1822, où il est décédé le 2 mai 1895.
Adjoint au Maire de 1852 à 1873, puis Maire de Sedan de 1873 à 1874. — Membre de la Chambre consultative des Arts et Manufactures.
Chevalier de la Légion d'honneur.
Juge suppléant, 1852-1854.

GOLLNISCH (Edmond-Jean-Baptiste-Marie), fabricant de ferronnerie à Vrigne-aux-Bois.
Né le 8 novembre 1882.
Juge suppléant, 1921.   En exercice.

GROSSELIN (Henry), constructeur-mécanicien.
Né à Sedan le 6 mars 1855, décédé à Pau en septembre 1918.
Chevalier de la Légion d'honneur en 1907.
Juge suppléant, 1891-1897.

HABERT-DESROUSSEAUX (Armand-Amédée), marchand de laines.
Né à Sedan le 3 décembre 1827, décédé à Wadelincourt le 4 novembre 1888.
Juge suppléant, 1860-1864.
Juge titulaire, 1864-1868, 1872-1876.
Président, 1886-1888.   Décédé en exercice.

HALLEUX (Charles), marchand de laines, puis banquier.
Né à Sedan le 26 juillet 1830, où il est décédé le 18 novembre 1899.
Juge suppléant, 1879-1887.

HECHT (Charles), marchand de laines.
Né à Strasbourg le 19 décembre 1819, décédé à Sedan le 19 mai 1891.
Membre de la Chambre de Commerce.
Juge suppléant, 1854-1860.
Juge titulaire, 1860-1864.
Elu Président en 1884, n'accepta pas.

HULIN-GIHAUT (Jean-Pierre-Eugène), fabricant de draps.
Né à Sedan le 15 janvier 1815, où il est décédé le 26 mai 1876.
Juge suppléant, 1865-1872.

HULIN (Jean-Baptiste-Eugène), fabricant de draps.
Né à Sedan le 14 juillet 1851, décédé le 21 août 1898.
Juge suppléant, 1883-1884.

HUSSON (Jean-Baptiste-Célestin), fabricant de draps.
Né à Sedan le 3 août 1773, décédé à Givonne le 3 janvier 1802.
Juge titulaire, 1818-1820.

JACQUEMIN (Louis-Stanislas-Laurent), marchand de laines.
Né à Sedan le 7 mai 1826, où il est décédé le 12 octobre 1896.
Conseiller municipal, 1870-1871.
Juge suppléant, 1868-1872.

JAEGLÉ (Léon), fabricant de draps.
Né à Barr (Alsace) le 19 mai 1847.
Suppléant de la Justice de Paix de Sedan-Sud en 1907.
Juge suppléant, 1887-1890.
Juge titulaire, 1890-1892.

JOBERT-TERNAUX (Jean-Olivier), manufacturier.
Né à Reims le 9 juillet 1761, décédé à Floing le 1er septembre 1827.
Ancien avocat au Parlement de Paris. — Adjoint au Maire et Maire de Sedan en 1814-1815. — Conseiller d'arrondissement et Conseiller général.
Chevalier de la Légion d'honneur en 1814.
Juge titulaire, 1803-1814, 1817-1819.
Président, 1821-1823.

JUNG (Edmond), marchand de draps.
Né à Bischwiller le 10 janvier 1846, décédé à Sedan le 24 octobre 1902.
Juge suppléant, 1886-1888.
Juge titulaire, 1888-1892.

KLEIN (Ernest), fabricant de draps.
Né à Sedan le 23 novembre 1853, décédé à Paris le 12 octobre 1918.
Conseiller municipal de Sedan. — Maire de Floing.
Officier de l'Instruction publique. — Chevalier de la Légion d'honneur.
Juge suppléant, 1886-1887.
Juge titulaire, 1887-1891, 1892-1896, 1897-1901.

LABAUCHE-LEMAISTRE (Jean), fabricant de draps.
Né à Sedan le 10 décembre 1769 où il est décédé le 26 janvier 1833.
Juge suppléant, 1814-1817.

LABAUCHE (Jean-Marie), négociant.
Né à Sedan le 22 mars 1796, où il est décédé le 31 janvier 1853.
Adjoint au Maire de Sedan de 1840 à 1847.
Juge titulaire, 1838-1840, 1841-1843, 1844-1846.

LA BROSSE-JOBERT (Blaise-Michel-Toussaint DE), fabricant de draps.
Né à Maringues (Puy-de-Dôme) le 31 octobre 1789, décédé à Floing le 8 février 1864.
Conseiller prud'homme. — Adjoint au Maire de Sedan de 1830 à 1837. — Conseiller général des Ardennes. — Membre de la Chambre consultative des Arts et Manufactures.
Juge suppléant, 1824-1826.

LA BROSSE-BÉCHET (Jacques-Antoine DE), manufacturier.
Né à Maringues (Puy-de-Dôme) le 6 janvier 1792, décédé à Sedan le 17 mars 1850.
Ancien officier de cavalerie. — Conseiller général des Ardennes. — Sous-préfet de Sedan par intérim en 1830. — Membre de la Chambre consultative des Arts et Manufactures.
Chevalier de la Légion d'honneur.
Juge suppléant, 1827-1829.
Juge titulaire, 1829-1831, 1836-1838, 1840-1844.

LA BROSSE (Pierre-Louis-Edmond DE), fabricant de draps.
Né à Joze (Puy-de-Dôme) le 9 juillet 1815, décédé à Sedan le 6 avril 1894.
Conseiller municipal.
Chevalier de la Légion d'honneur le 30 juin 1867.
Juge suppléant, 1849-1857.

LA BROSSE (Jean-Olivier-Amédée DE), fabricant de draps.
Né à Sedan le 10 avril 1820, décédé à Paris le 13 mars 1878.
Maire de Floing. — Membre de la Chambre de Commerce.
Juge suppléant, 1862-1868.
Juge titulaire, 1868-1872.

LA BROSSE (Adrien DE), fabricant de draps.
Né à Sedan le 20 mai 1840, décédé en 1914.
Juge suppléant, 1878-1884.

LAFFON aîné (Etienne-Charles), commissionnaire en draperies.
Né à Dunkerque le 5 octobre 1805, décédé à Sedan le 16 mai 1848.
Juge suppléant, 1846-1848.

LAMOTTE-GERMAIN (Jean), marchand droguiste.
Né à Givonne en 1744, décédé à Sedan le 5 octobre 1793.
Echevin de 1786 à 1792.
Juge titulaire, 1792-1793.   Décédé en exercice.

LECOMTE-BRUYÈRE (François-Nicolas-Paul), fabricant de draps.
Né à Belleine (Orne) en 1769, décédé à Sedan le 26 décembre 1840.
Juge titulaire, 1803-1813.
Ensuite Juge suppléant, 1819-1820.

LECOMTE (Emile), usinier.
Né à Sedan le 21 septembre 1859, décédé à Sedan le 30 juillet 1913.
Conseiller municipal de Sedan en février 1903.
Juge suppléant, 1902-1908.
Juge titulaire, 1908-1913.   Décédé en exercice.

LECOMTE (Jean-Eva-Georges), manufacturier.
Né à Sedan le 28 octobre 1877.
Juge suppléant, 1920-1923.   En exercice.

LEFORT (Léon), marchand de laines.
Né à Sedan le 22 avril 1845, où il est décédé le 9 février 1895.
Juge suppléant, 1887-1891.
Juge titulaire, 1891-1892.

LEGARDEUR (François-Pierre), fabricant de draps.
Né à Verdun-sur-Meuse, mort sur l'échafaud révolutionnaire à Paris le 7 octobre 1794.
Membre du Conseil municipal de Sedan en 1792.
Président, 1791-1794.

LEMAIRE (René-Charles), teinturier, puis agent général d'assurances.
Né à Lille le 29 août 1847, décédé à Sedan le 30 décembre 1905.
Juge suppléant, 1895-1898.
Juge titulaire, 1900-1904, 1905. Décédé en exercice.

LEMOINE des MARES (Gilles-Robert-Pierre), manufacturier.
Né à Avranches (Manche) le 9 décembre 1774, décédé aux Mares en 1852.
Ancien Receveur des Finances à Sedan. — Maire de Sedan en 1815. — Conseiller général des Ardennes. — Député de la Manche.
Juge suppléant, 1822-1824.
Juge titulaire, 1831-1833.

LEJEUNE (Edmond-Aimé), manufacturier.
Né à Floing le 1er septembre 1877.
Juge suppléant, 1920-1922.
Juge titulaire, 1922-1923. En exercice.

LEROY-GILMAIRE (Nicolas), manufacturier.
Né à Glaire le 23 novembre 1746, décédé à Sedan le 9 décembre 1813.
Juge suppléant, 1795.
Juge titulaire, 1795-1803.

LIÉGEOIS (Charles), fabricant de ferronnerie à Givonne.
Né à Tournavaux (Ardennes), le 9 juin 1878.
Maire de Givonne.
Juge suppléant, 1912-1923.

LUDET (Nicolas-Henry), fabricant de draps.
Né à Sedan le 4 octobre 1859.
Ancien Président du Conseil des Prud'hommes.
Juge suppléant, 1910.
Juge titulaire, 1920-1921.

MAIRE (Jean-Baptiste-Charles), marchand de laines.
Né à Torcy le 13 décembre 1827. Décédé à Sedan le 9 mai 1896.
Juge suppléant, 1872-1876.
Juge titulaire, 1876-1880, 1881-1887.

MARCILLET (Georges), fabricant de draps.
Né à Rocroi le 17 mai 1852.
Officier d'Académie.
Juge suppléant, 1893-1899.
Juge titulaire, 1899-1903.

MONTAGNAC (André-Joseph-Elisée DE), manufacturier.
Né à Pouru-aux-Bois en août 1808, décédé à Charleville le 16 septembre 1882.
Conseiller municipal et Conseiller général. — Député des Ardennes. — Président de la Chambre de Commerce.
Officier de la Légion d'honneur le 30 août 1865.
Juge suppléant, 1840-1842.
Juge titulaire, 1842-1846, 1847-1852, 1856-1860.

MONTAGNAC (Lucien DE), manufacturier.
Né à Sedan le 24 juin 1848.
Juge suppléant, 1880-1881.

MORIN (Charles), imprimeur.
Né à Charleville le 18 juin 1759, décédé à Sedan le 21 septembre 1841.
Conseiller municipal sous le premier Empire. — Suppléant de la Justice de Paix de Sedan-Nord en 1806.
Juge suppléant, 1820-1822.

MOULIN (Pierre-Paul), avocat, puis marchand de bois à Carignan.
Né à Paris le 14 avril 1871.
Juge suppléant, 1911-1914.

MOULNIER (François), fabricant de draps.
Né à Longwy en 1786 où il est décédé en 1873.
Juge suppléant, 1834-1840.
Juge titulaire, 1840-1842.

NANQUETTE (Jean-Baptiste-Auguste), entrepreneur de travaux publics.
Né à Sedan le 9 août 1855, décédé à Paris le 6 septembre 1915.
Juge au Tribunal de Commerce de la Seine.
Chevalier de la Légion d'honneur en 1901.
Juge suppléant, 1893-1898.

NINNIN (Augustin-Edme, dit Eugène), fabricant de draps, puis banquier.
Né à Sedan le 10 octobre 1798, où il est décédé le 18 janvier 1880.
Membre de la Chambre de Commerce.
Juge suppléant, 1831-1833.
Juge titulaire, 1833-1835, 1835-1838, 1852-1857.

NINNIN (Léon-Charles-François), banquier.
Né à Sedan le 2 novembre 1844.
Juge suppléant, 1876-1883.
Juge titulaire, 1883-1884.

PAQUIN-MOULNIER (Guillaume), fabricant de draps.
Né à Sedan le 1er novembre 1816, décédé à Paris le 19 décembre 1884.
Licencié en droit.
Juge suppléant, 1859-1861.
Juge titulaire, 1861-1865.

PAQUIN-AMOUR (Jean-François-Henri), fabricant de draps.
Né à Sedan le 10 avril 1841, décédé à Paris le 5 octobre 1915.
Juge suppléant, 1872-1875, 1876-1880.
Juge titulaire, 1880-1884.

PARENT (Lambert-Adrien), carrossier.
Né à Sedan le 21 août 1837, où il est décédé le 20 janvier 1912.
Adjoint au Maire de Sedan. — Conseiller d'arrondissement.
Chevalier de la Légion d'honneur du 12 janvier 1903.
Juge suppléant, 1887-1891.
Juge titulaire, 1891-1895, 1896-1900.

PHILIPPOTEAUX (Jean-Baptiste-Onésime), négociant.
Né à Donchery le 26 avril 1759, décédé à Sedan le 14 juin 1845.
Sous-Préfet de Sedan de 1803 à 1815. — Député des Ardennes en 1815.
Officier de la Légion d'honneur le 28 mai 1825.
Juge titulaire, 1792-1793, 1794-1795, 1820-1822.
Président, 1795-1803, 1817-1819, 1825-1827, 1829-1831.

PHILIPPOTEAUX (Charles), marchand de laines.
Né à Sedan le 19 février 1826, décédé à Sedan le 18 juin 1910.
Chevalier de la Légion d'honneur du 28 décembre 1882.
Juge suppléant, 1857-1859.
Juge titulaire, 1859-1863, 1864-1868, 1869-1872.
Président, 1879-1883.

PHILIPPOTEAUX (Charles-Joseph), brasseur à Torcy-Sedan.
Né à Dom-le-Mesnil le 30 mars 1868.
Juge suppléant, 1920.
Juge titulaire, 1921-1923. En exercice.

PIESVEAUX (Georges), industriel.
Né à Novion-Porcien le 21 février 1866.
Juge suppléant, 1920.
Juge titulaire, 1921-1923. En exercice.

POUPART (Louis), négociant.
Né à Sedan le 17 janvier 1730, où il est décédé le 13 mars 1806.
Juge suppléant, 1792-1794.
Juge titulaire, 1794.

POUPART (Louis-Jean-Henri), manufacturier.
Né à Sedan le 7 décembre 1764, décédé à Balan le 8 mars 1846.
Juge suppléant, 1813.
Juge titulaire, 1813-1817.

POUPART (Pol-Louis), manufacturier.
Né à Sedan le 31 janvier 1767, où il est décédé le 4 avril 1841.
Juge suppléant, 1819-1821.
Juge titulaire, 1822-1824, 1826-1828.

POUPART (Jean-Abraham-André), baron de Neuflize, manufacturier.
Né à Sedan le 19 juillet 1784, décédé à Neuflize le 2 juillet 1836.
Chevalier de la Légion d'honneur en 1819.
Juge suppléant, 1823-1825.
Juge titulaire, 1827-1829.

PROFINET (Jean-Baptiste-Claude), commissionnaire en draperie.
Né à Châlons vers 1733, décédé à Sedan en 1798.
Consul des marchands en 1789.
Juge titulaire, 1791-1792.

PROFINET (Louis-Valérien), négociant.
Né à Château-Porcien le 7 juin 1762, décédé à Sedan le 21 décembre 1823.
Juge suppléant, 1803-1814.

RAULIN-DELAMOTTE (Jean-Baptiste-Nicolas), manufacturier.
Né à Sedan le 7 janvier 1757 où il est décédé le 6 octobre 1818.
Juge suppléant, 1817-1818.

RAULIN (Nicolas), manufacturier.
Né à Sedan le 25 octobre 1787, où il est décédé le 28 juillet 1832.
Juge suppléant, 1828-1830.

REITER (Michel-Gustave-Adolphe), marchand de laines.
Né à Spire le 6 novembre 1812, décédé à Sedan le 5 décembre 1870.
Juge suppléant, 1854-1860.
Juge titulaire, 1860-1864, 1865-1869.

RENARD-BACOT (Pierre-Hubert-Adolphe), fabricant de draps.
Né à Sedan le 4 juillet 1799, où il est décédé le 7 octobre 1882.
Chevalier de la Légion d'honneur du 11 novembre 1840.
Juge suppléant, 1832-1838.

RENARD (Louis-Hubert-Edouard), fabricant de draps.
Né à Sedan le 3 septembre 1800, où il est décédé le 28 août 1848.
Juge suppléant, 1838-1848.   Décédé en exercice.

RICARD (Pierre-André-Gustave), malteur.
Né à Lonny le 26 janvier 1865.
Juge suppléant, 1922-   En exercice.

ROBERT (Remy-Auguste), manufacturier.
Né à Voncq (Ardennes) le 24 février 1817, décédé à Sedan le 2 décembre 1878.
Conseiller municipal. — Maire provisoire de Sedan en 1848. — Conseiller d'arrondissement, 1852-1870. — Vice-Président de la Chambre de Commerce.
Chevalier de la Légion d'honneur du 14 août 1865.
Juge suppléant, 1840-1852.
Juge titulaire, 1852-1856, 1857-1859.
Président, 1859-1861, 1865-1869, 1875-1878.　　Décédé en exercice.

ROUSSEAU (Camille-Victor), négociant.
Né à Paris le 18 juillet 1781, décédé à Sedan le 31 janvier 1849.
Juge titulaire, 1823-1827.

ROUSSEAU (Jules), fabricant de draps.
Né à Sedan le 1er octobre 1853.
Conseiller municipal. — Vice-Président de la Chambre de Commerce. — Administrateur de la Banque de France.
Chevalier de la Légion d'honneur en 1911.
Juge suppléant, 1886-1887.
Juge titulaire, 1887-1891, 1896-1900.
Président, 1920-1923.　　En exercice.

ROUY (Jacques), fabricant de draps.
Né à Sedan le 27 septembre 1746, où il est décédé le 29 juillet 1818.
Conseiller municipal en 1808.
Juge suppléant, 1795-1818.

ROZOY (Henri), négociant en vins.
Né à Sedan le 26 mai 1877.
Juge suppléant, 1923.　　En exercice.

SCHLOSSER (Christian-Guillaume), marchand de laines.
Né à Montjoie (département de la Roër) le 9 août 1787, naturalisé français en 1826.
Juge suppléant, 1828-1830.

SIMON-LAFFOND (Etienne), commissionnaire en laines.
Né à Sedan le 7 octobre 1792, où il est décédé le 23 novembre 1868.
Juge suppléant, 1850-1861.

SOLLERET (Edme-Antoine-Félix), libraire.
Né à Arcis-sur-Aube le 11 mai 1807, décédé à Sedan le 23 mars 1853.
Juge suppléant, 1840-1853.   Décédé en exercice.

SUCHETET-LAFONTAINE (Nicolas), fabricant de draps.
Né à Etais (Côte d'Or) en 1740, décédé à Sedan le 10 octobre 1820.
Adjoint au Maire de Sedan en 1808.
Juge titulaire, 1791-1792.
Juge suppléant, 1792-1794.

SUCHETET-RENARD (Jacques-Louis), fabricant de draps et banquier.
Né à Sedan le 6 mai 1784, où il est décédé le 27 août 1851.
Juge suppléant, 1829-1831.
Juge titulaire, 1831-1833, 1834-1836, 1837-1839.
Président, 1840-1843, 1845-1849.

TEMPIÉ (Toussaint-Isidore).
Né à Toulouse le 1ᵉʳ novembre 1782.
Ancien Major des Cuirassiers de la Reine.
Chevalier de la Légion d'honneur.
Juge suppléant, 1830-1840.

TERNAUX (Nicolas-François), manufacturier.
Né à Sedan le 15 mai 1762.
Juge suppléant, 1792-1794.

THILLOY-ROBIN (Pierre), marchand d'étoffes.
Echevin en 1787.
Juge titulaire, 1792-1793.

THOLOZAN (Charles), négociant.
Juge suppléant, 1827-1829.

VARLET (Louis-Julien), filateur.
Né à Vailly (Aisne) le 10 septembre 1837, décédé à Remilly-
    Aillicourt le 7 décembre 1895.
Député des Ardennes, 1889-1893.
Juge suppléant, 1884-1886.
Juge titulaire, 1886-1889.
Président, 1889-1890.

VERGUIN-NOEL (Simon-Ignace), mercier.
  Né à Sedan le 14 juillet 1755, décédé à Donchery le 14 juillet 1822.
  Juge suppléant, 1817-1819.

VESSERON-LEJAY (Charles), fabricant de draps, puis banquier.
  Né à Sedan le 2 février 1796, décédé à Frénois le 16 septembre 1874.
  Juge suppléant, 1848-1849.
  Juge titulaire, 1849-1855, 1857-1861.

VESSERON (Louis-Alfred), fabricant de draps.
  Né à Sedan le 18 avril 1825, décédé le 16 novembre 1871.
  Juge suppléant, 1860-1863.
  Juge titulaire, 1863-1867.

VILLAIN (Henri-Alfred-Louis), fabricant de draps.
  Né à Sedan le 11 mars 1865.
  Juge suppléant, 1901-1906.
  Juge titulaire, 1906-1910, 1913-1914.

VUILQUIN-DÉRUÉ (Louis-Auguste), négociant.
  Né à Grandpré en 1773, décédé à Sedan le 21 février 1858.
  Conseiller municipal de Sedan en 1825.
  Juge suppléant, 1811-1813.
  Juge titulaire, 1813-1817, 1818-1820, 1821-1823, 1824-1826.
  Elu président en 1840, n'accepta pas.

WAGNER-DELAMOTTE (Charles), fabricant de draps.
  Né à Sarrelouis en 1789.
  Juge suppléant, 1824-1826.
  Juge titulaire, 1827-1829, 1830-1832.

WAHARTE-GILMAIRE (J.-B.-Victor), brasseur.
  Né à Brieulles-sur-Bar le 8 décembre 1794, décédé à Sedan le 13 décembre 1874.
  Conseiller municipal de Sedan.
  Suppléant de la Justice de Paix de Sedan-Nord, 1841-1849.
  Juge suppléant, 1838-1842.

COMPOSITION DU TRIBUNAL

en Février 1924

Président

M. Jules ROUSSEAU.

Juges titulaires

MM. Paul DEVIN.
Georges PIESVEAUX.
Charles PHILIPPOTEAUX.
Edmond LEJEUNE.

Juges suppléants

MM. Georges LECOMTE.
Edmond GOLLNISCH.
André RICARD.
Henri ROZOY.

Greffe

MM. Adrien PARISSET, greffier.
Gustave MARLET, commis-greffier.

Huissiers audienciers

MM. J.-B. LÉCAILLON.
Henri LUBIN.

Sedan. — Imprimerie Henri BOURGUIGNAT, 6, place Turenne.

www.ingramcontent.com/pod-product-compliance
Lightning Source LLC
LaVergne TN
LVHW021746080426
835510LV00010B/1347